AF399177

FSC
www.fsc.org
MIXTO
Papel procedente de
fuentes responsables
Paper from
responsible sources
FSC® C105338

Diario de Acoso Laboral

Lo que debe tener en cuenta para que su Diario de Acoso Laboral sea un éxito.

Christoph Bisel

© Christoph Bisel, 2020 – 2nd Edition

Impreso y editado por Books on Demand GmbH
info@bod.com.es - www.bod.com.es
Impreso en Alemania – Printed in Germany

ISBN: 978-8-4132-6796-8

Información General

Este documento y todo su contenido está protegido por la ley de derechos de autor. Todos los derechos reservados. La reimpresión o reproducción (o parte del mismo) en cualquier forma (impresión, fotocopias u otros métodos), así como el almacenamiento, proceso, duplicación y distribución por medios electrónicos en cualquier tipo de sistema, del documento completo o parte del mismo, sin autorización por escrito del autor está prohibida. Todos los derechos de la traducción están reservados.

El uso de este libro y la implementación de la información aquí presentada se hace bajo la responsabilidad del lector. El autor y quien lo publica están exentos de cualquier tipo de responsabilidad en caso de que se presenten accidentes o daños de cualquier tipo que se presenten por consejos incluidos en este libro.

Inhaltsverzeichnis

Prólogo

Un estudio realizado por la compañía de seguros ARAG revela que más de uno de cada cuatro empleados están expuestos a un caso de Acoso al menos una vez durante su tiempo de trabajo. Eso es más probable en el primer y último año de trabajo.

Dependiendo de la gravedad y muchos otros aspectos, las consecuencias para los afectados, así como su situación en su lugar de trabajo, son muy variadas. En muchos casos, el resultado es un cambio de trabajo, ya que tienen la impresión de no tener ninguna posibilidad de defenderse.

De hecho, es difícil probar el acoso laboral porque, por definición, no se trata de un sólo acto, sino una secuencia de decenas, cientos o incluso miles de pinchazos. Como actos individuales, probablemente serían clasificadas como molestas u ofensivas en vez de amenazadoras, porque es la serie completa de los actos de acoso los que afectan a la persona.

Además de la obtención de pruebas, siempre que exista, y su creación, un diario de acoso es, probablemente, la herramienta más importante para demostrar la presencia del mismo. Sin embargo, es importante tener en cuenta algunos aspectos importantes, la presencia o ausencia de estos aspectos puede aumentar o reducir en gran medida la eficacia de este diario.

Me siento feliz de compartir mi conocimiento acerca de esto con usted en mi folleto y, por supuesto, estoy disponible como consultor y coach en mi práctica. Mi experiencia demuestra que uno puede hacer, sin duda, algo con respecto al acoso laboral.

Atentamente, Christoph Bisel
bisel@mobbing-hilfe.ch

Introducción al tema del »Acoso Laboral«

El acoso laboral, en el sentido estricto, significa "terror psicológico en el lugar de trabajo con el objetivo de sacar a los afectados de la empresa". En un sentido más amplio, significa atormentar, herir emocionalmente a otras personas y acosarlos de manera constante o repetitiva y regular, por ejemplo, acosar en las escuelas, en el trabajo, en los clubes deportivos, en los hogares de ancianos, en la cárcel y en el Internet (Acoso Cibernético). Actos típicos de acoso laboral incluyen la difusión de declaraciones equivocadas, la asignación de tareas sin sentido en el trabajo, amenazas de *violencia, aislamiento social o la crítica constante en el trabajo.*[1]

» ¿Acoso laboral?« o » ¿no es acoso laboral?« Es una pregunta crucial para muchos de los afectados. Ellos dudan en hacer una acusación de acoso laboral que probablemente no podrán probar al final y proporcionar así, un objetivo adicional.

Debido a que el »Acoso Laboral« no se basa en una sola experiencia, sino en una serie de actos, es difícil establecer estándares objetivas. Esto también lo sabe la administración de justicia. Tal vez esta es también la razón por la cual no existen leyes reales contra esta problemática en muchas jurisdicciones.

------

[1] fuente: Wikipedia.de

Los casos de Acoso Laboral son, generalmente, abordados en el contexto del deber de cuidar del empleador, mientras no hayan ocurridos actos individuales que requieran algún tipo de castigo. Esto es, esencialmente, sobre el hecho de que el empleador tiene la obligación de asegurarse de que el empleado no está sufriendo desventajas mentales, físicas o emocionales a causa de su trabajo.

Lo que a primera vista parece ser una desventaja - se podría decir eso, ya que el acoso laboral no está prohibido, está, por así decirlo, permitido - no tiene que ser una e incluso puede llegar a ser una ventaja para la persona afectada. Porque, de esta manera, no está necesariamente ligado a la promesa de que se cumplan todas las características del acoso laboral. En caso de duda, no tiene sentido en ningún caso ponerse en contacto con un experto, para discutir posibles formas de protegerse y defenderse a sí mismo.

Al decidir si es o no Acoso Laboral lo que está sucediendo, la atención se centra, por lo general, en los actos, donde vale decir que varios investigadores han tratado la cuestión de manera diferente. La clasificación más común es la del profesor Leymann:

Atacar las posibilidades de comunicarse:

- El superior limita las posibilidades de expresar la opinión propia.
- Uno es interrumpido constantemente.
- Los colegas limitan las posibilidades de

expresar la opinión propia.

- Gritar o despotricar en voz alta.
- Crítica constante del trabajo.
- Crítica constante a la vida privada.
- Asustar por teléfono.
- Amenazas verbales.
- Amenazas escritas.
- Negarse a comunicarse con miradas y gestos despectivos.
- Negarse a comunicarse con consejos, sin llegar a hablar algo en voz alta.

Atacar las relaciones sociales:

- Uno no habla a los afectados.
- Uno no responde.
- Se le transfiere a una habitación lejos de los colegas.
- Los colegas tienen prohibido hablar con

la(s) persona(s) afectada(s).

- Uno es tratado como si no estuviera allí.

- Se habla mal de la persona afectada a sus espaldas.
- Se propagan rumores.
- Se ridiculiza a alguien.
- Se sospecha que alguien esté enfermo mental.
- Se quiere obligar a alguien a ir a un examen psiquiátrico.
- Se burlan de discapacidades.
- Se imita la forma de caminar, la voz o los gestos de una persona con el fin de ridiculizarlo.
- Se atacan las actitudes políticas y religiosas.
- Se burla de la nacionalidad de la persona.
- Se fuerza a alguien a hacer trabajos que

ofenden la auto-confianza.

- Se valora el esfuerzo en el trabajo de una manera incorrecta e insultante.
- Se pone en duda la decisión de las personas afectadas.
- Se llama a alguien con insultos obscenos o incluso expresiones degradantes.
- Acercamientos sexuales u ofertas sexuales verbales.

Atacar a la calidad de la situación laboral y la vida:

- No se le asigna una tarea a la persona afectada.
- Se toman todas las cosas que la otra persona podría hacer en el trabajo de inmediato para que la misma no pueda ni siquiera pensar en una tarea que hacer

por sí mismo.

- Se le asigna tareas inútiles a la persona.
- Se asigna tareas que demandan muy poco de la persona.
- Se asigna nuevas tareas constantemente.
- Se le asignan tareas »insultantes« en el trabajo.
- Se asigna tareas que superan la calificación de la persona afectada con el fin de desacreditarlo.

Atacar la salud:

- Se obliga a hacer tareas insalubres.
- Se amenaza con violencia física.
- Se usa violencia ligera, por ejemplo, con el fin de dar a alguien una »advertencia«.
- Abuso física.
- Se causa costos a la persona en cuestión

con el fin de perjudicar a alguien.

- Se hace daño físico en el hogar o lugar de trabajo de la persona afectada.
- Actos sexuales de violencia.

En relación con el acoso sexual, se debe mencionar que, además de las formas físicas y otros tipos de abuso, también puede ser castigada como un acto único. Por lo tanto, un curso de acción puede, si es necesario, en este contexto ser más simple y más eficaz.

En la mayoría de los casos de acoso laboral, no se llega al abuso sexual ni físico u otros actos que cuentan actos individuales que deben ser castigados. En consecuencia, la evidencia de los signos que muestran que el acoso laboral está presente deben existir. El diario de acoso laboral ha demostrado ser un método eficaz. Al prepararlo, hay algunos aspectos que fundamentalmente pueden aumentar o disminuir la aplicabilidad y validez del documento y esos tienen que ser considerados.

Diario de Acoso Laboral

El término diario puede parecer engañoso para algunos. El diario de Acoso Laboral es, esencialmente, una lista diaria de los actos experimentados de Acoso Laboral en cualquier forma, que en función de su uso son comprensibles para terceros.

Uso

Las razones más comunes para llevar este diario son las siguientes:

- Para documentación propia y posterior reflexión → ¿Pude haber actuado de manera diferente?
- Para preparar contra-estrategias.
- Para mostrar a terceros, tales como el departamento de personal, el consejo

industrial o del consejo de empleados, doctores, psicólogos, consultores, abogados, departamentos y agencias.

- Para mostrar en el contexto de procesos relativos a la ley industrial (compensación por daños sufridos, indemnización, refutación de despido, disputas sobre la referencia de empleo, etc.)

Estructura

Un principio importante de hacer un diario de acoso laboral es que debe mantenerse al día, si es posible, ser escrito a mano y claramente estructurado. Esto se aplica especialmente cuando se usa contra un tercero o en el contexto de una disputa legal. Sea lo más específico posible. Siempre que sea posible trate de no escribir sobre »un coche«, sino de un »BMW 318 con placa número A-BC xxxx«, así como tampoco de »una mujer«, cuando usted sabe que se refiere a »la señora Müller de la calle principal 7«. A diferencia de un diario normal, esto es sobre cifras, datos y hechos.

Es recomendable hacer una lista de la siguiente información en su diario:

- Fecha
- Hora
- Lugar
- ¿Qué sucedió?
    - ¿Quién hizo qué?
    - ¿Qué hice?
    - ¿Cómo me sentí durante el acto de Acoso Laboral?
- ¿Quién estaba presente? / posibles testigos

- ¿Experimentó reacciones físicas o relacionadas con la salud?
- ¿Cuál(es)? (¿Justo en ese momento o más tarde?)
- ¿A quién le informé?
- ¿Hay alguna prueba, documentos, evidencia, fotografías? ¿Cuál(es)?

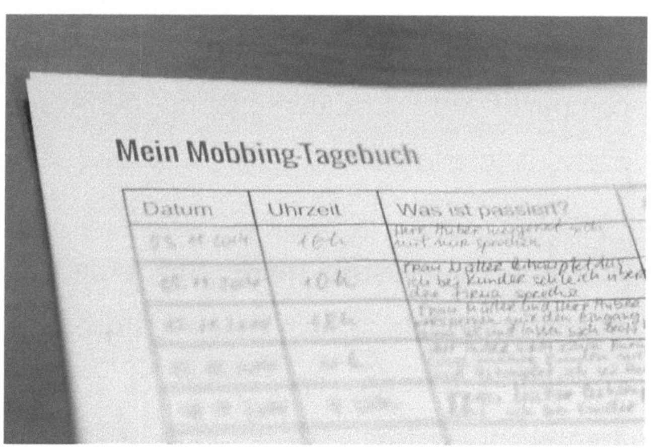

Mientras se escribe el diario, debe ser consciente del hecho de que posiblemente será leído por un tercero en el contexto de una disputa como evidencia. No es un diario en el que escribe sólo para usted. Pensamientos íntimos, así como confesiones sobre fallas propias, insultos o denigración de otros que no desee compartir con otra persona no debe ser parte del diario.

Debe ser escrito a mano. Razón de ello es que un posible cambio en la escritura, con el tiempo, puede representar el estado mental del escritor. Esto, por lo tanto, apoya la declaración, que es posible que haya escrito, que lo están acosando y se siente mal si su escritura puede demostrarlo en una evaluación grafológica. Por esta razón, también es importante que usted escriba en el diario sobre una base diaria. Si todavía agrega las cosas del pasado, por ejemplo, de antes de tener el diario, o porque no se dio cuenta de algunos actos de Acoso en el momento, asegúrese de tener en cuenta también cuándo y por qué añadió esta entrada.

Incluso si es difícil en la situación en la que se lesionó: Escriba los detalles en forma estructurada y separe el problema y las expresiones emocionales. Las circunstancias incluyen cosas que un extraño podría haber percibido, reacciones emocionales más bien incluyen cómo se sintió, lo que significó el ataque para usted, etc.

Si hay testigos, escriba sus nombres, su información de contacto, en qué función fueron testigos y, si es posible, también qué parte del acto presenciaron. Podría, por ejemplo, ser que una persona sólo vio su reacción, pero no el acto que la desencadenó. Por lo tanto, la persona podría testificar que usted estaba en lágrimas cuando se encontraron, pero la persona no podría testificar lo que causó esa reacción. Tal vez, existe la posibilidad de que el testigo pueda escribir lo que pasó y firmar la entrada - de esta manera usted puede adjuntar las pruebas pertinentes para su diario.

Tenga en cuenta, que lo que escribe debe ser entendible y comprensible para un lector que no estaba implicado y que sólo sabe lo que has escrito. No se limite a esbozar un acto fuera de contexto, sino también el curso del conflicto, lo qué conduce al acto, quién dijo e hizo qué, etc.

Una pregunta que surge una y otra vez, es si tiene sentido mantener el diario en un libro encuadernado o si uno debe usar páginas sueltas en una carpeta de anillas. Uno puede usar cualquiera.

En mi experiencia, a efecto de trazabilidad y validez, parece ser más razonable escribir todo en un libro encuadernado o en un cuaderno. También, el rumbo y la coherencia de los hechos del diario se documentan de esta manera. De esta manera, es mucho más fácil representar el arte procesual requerido, que cuando se utiliza una sola página donde nadie puede realmente estar seguro de cuál página de la »colección« pertenece a dónde y cuándo se añadió algo.

En todos los procesos legales, la evaluación de las pruebas y documentos siempre está reservado a la Corte. Esto significa que sólo el tribunal puede y va a decidir, si su diario será considerado en el contexto de una disputa legal y cómo va a ser valorado. Esto no sólo se aplica al diario, sino también a todos los documentos y cada testigo. Por esta razón, la utilidad de un diario se evalúa de manera diferente por diversos expertos.

En mi práctica, he experimentado que es un medio útil cuando se trata de defenderse contra el acoso laboral. En todo caso, creo que es eficaz, sobre todo, cuando otros medios, tales como documentos, certificados y testigos están disponibles para respaldarlo.

Llevar un diario de acoso también puede ser peligroso. Los aspectos más obvios son los siguientes: los comentarios dentro del mismo pueden, sin duda, ser usados contra la misma persona, por ejemplo, cuando uno describe »con entusiasmo« cómo se vengó del torturador. Otro riesgo es que, un diario que cae en manos de »los enemigos«, podría también ser utilizado en contra de la persona. Es aconsejable manejar el diario y sus entradas con cuidado.

Además de estos peligros, hay otro que

parece aún más importante para mí. A menudo veo personas que leen sus propios diarios una y otra vez. Muchos de ellos lo hacen porque quieren encontrar una respuesta a la pregunta: » ¿Qué he hecho mal"? Mi consejo a esto es: ¡No lo haga! Mientras sea posible para usted, trate de dejar descansar lo que escribió en el pasado. Se sabotea usted mismo con eso y le lleva a una espiral emocional descendente. Eso no puede ser lo que quiere. Haciendo esto, usted apoya a su abusón »con su trabajo«.

Los diarios de acoso como una forma de auto-conocimiento

Especialmente las personas afectadas a menudo tienden a separarse emocionalmente a sí mismos. La disociación es la »estrategia de supervivencia" para algunos.

Esta estrategia puede convertirse en una trampa para los que se ven afectados en dos sentidos. Mientras uno no se da cuenta conscientemente de lo terrible y aterrador, está el gran peligro de que uno ni siquiera piense en lidiar con ello.

Se vuelve especialmente peligroso cuando no se perciben más las señales de advertencia del cuerpo. En esta situación, un diario de acoso laboral puede ser una ayuda importante. A menudo, los síntomas de la enfermedad, que ya casi no percibimos o que, directamente, no percibimos, más en nuestra vida cotidiana a causa de la desconexión interna, se describen en el diario. Las siguientes oraciones (o similares) deben, en cualquier caso, llamar a la reflexión:

- Me causó un malestar estomacal.
- Ya no podía respirar.
- Me mantiene despierto.
- No puedo encontrar ninguna paz mental.
- No puedo parar.
- Siempre tengo que pensar en ello.
- Tengo que tragarme mis sentimientos.
- Me toma mucho tiempo superarlo.
- Me preocupo por eso.

Si lee una de esas expresiones (o similares) en su diario de acoso laboral o incluso en su diario normal, usted debe considerar esto con más cuidado y tal vez consultar a un médico. El acoso puede, con el tiempo, causar enfermedades graves.

Para decirlo sin rodeos: El acoso laboral

y las consecuencias no se van a detener y ya después de algún tiempo. Sólo si usted empieza a actuar - incluso si es difícil -, podrá cambiar algo.

El blog de acoso laboral y otros enfoques en línea

En tiempos de los medios sociales, el diario de acoso laboral llegó a los medios de comunicación social desde hace mucho tiempo. Los comentarios en Facebook, Twitter, en blogs y foros sobre el tema están en constante aumento. Estos enfoques contienen ambas oportunidades y riesgos. Puede ser positivo cuando uno es capaz de intercambiar ideas con otras personas afectadas, así como también siendo anónimo en un foro y usar un seudónimo. Mantiene la oportunidad de aconsejar y animarse los unos a los otros.

Un riesgo, en cambio, es que el escritor nunca puede estar seguro de quién lee lo que escribe y por cuánto tiempo va a estar en »la memoria eterna de internet«. La persona que escribe las entradas sólo corre el riesgo de que otros, como el propio torturador, el empleador, el próximo empleador, el compañero o la familia, lean lo que escribió. Por otra parte, se arriesga a la posibilidad de que eso que escribió existirá por mucho más tiempo que la situación de acoso, mientras la persona, por ejemplo, está buscando un nuevo empleo.

Por esta razón, se debe escribir siempre bajo un seudónimo. Publicar en facebook no es aconsejable. Es igualmente importante no publicar el nombre o información similar de su torturador y otras personas o empresas involucradas. El riesgo de tener que defenderse contra una demanda por difamación, en vez de conseguir ayuda en una situación de acoso laboral, es demasiado alta.

Vídeo diario de acoso y diario de audio

No hace mucho, me enfrenté a un cliente que tenía una pregunta sobre si ella también podía llevar un diario de acoso laboral como un vídeo o audio, porque tenía grandes problemas con expresarse al escribir.

En general, se puede decir que hasta ahora no sé de una disputa legal sobre el tema de acoso laboral en el que se utilizó datos respectivos registrados electrónicamente en lugar de un diario. Como un no jurista, no puedo permitirme emitir juicio alguno de acuerdo a la pregunta sobre si sí o no, o de qué manera estos documentos se pueden evaluar en el contexto de una disputa.

Al discutir con el sentido común, es probable que sea mejor tener un video o audio diario que no tener ninguna evidencia. Sin embargo, hay algunas cosas que se deben tener en cuenta al preparar algo como esto:

- Muchas personas se inhiben al hablar en un micrófono. Ese aspecto puede distorsionar el comunicado. Y si hace cientos de grabaciones hasta que esté satisfecho, su declaración puede parecer hecha con un guion y no real.

- Si usted se imagina grabando docenas o incluso cientos de archivos respectivos, y también desea que sean »aplicables«, tiene que »añadirlos« de todos modos. Con esto, usted está muy cerca de llevar un diario de acoso laboral escrito a mano.

- Videos y archivos de audio tienen la tendencia a reaparecer constantemente en alguna parte. ¿Puede estar seguro de que su equipo no será hackeado o robado y sus archivos no terminarán en el Internet?

- ¿Puede asegurar que »tiene control« sobre lo que escribe y que no va a decir más de lo necesario y más de lo que probablemente quiera que terceros sepan?
- ¿Está usted dispuesto a entregar los archivos grabados a terceros en el marco de un conflicto? De lo que hablo son grabaciones en vídeo de usted posiblemente llorando, con los ojos hinchados y obviamente asustado.

Básicamente, digo que todo el que puede manejar audio o video puede hacerlo, además del diario. Como complemento, esas grabaciones pueden, de hecho, representar una prueba más. Pero, yo no aconsejaría que se usen como sustituto de un diario escrito a mano.

Epílogo

El acoso laboral es una tortura psicológica. En mi práctica, yo, una y otra vez, encuentro personas que tienen que soportar meses y meses de humillaciones, insultos y violaciones tanto físicas como psicológicas graves. Muchos de ellos se avergüenzan de ser acosados debido a que muchas personas están acostumbradas a pensar que sólo las personas débiles son acosadas y que se lo merecen. Ninguno de esos es correcto.

Esos que constantemente sufren acoso laboral u otras formas de conflictos, necesitan apoyo, es decir, ellos necesitan a alguien que los escuche, pero que también traiga nuevos aspectos relativos a la consideración. Lo ideal es que se trate de una persona a la que la persona afectada se sienta cercano. Cuando esto no es posible, el apoyo profesional, por ejemplo, un coach, debe ser considerado. Haga esto lo más pronto posible porque, como sucede con la mayoría de las heridas: Mientras más progresan las violaciones y las heridas, más fuerza necesitan para sanar.

Lo que yo recomiendo a toda persona que cree o sabe que está siendo afectado por acoso laboral: Busque apoyo profesional y asesoramiento de expertos especializados lo antes posible. Ellos son los que pueden explicarle mejor cómo se ve su situación, qué opciones tiene y pueden apoyarlo con cualquier pregunta que usted tenga con respecto al tema del acoso laboral.

Bibliografía

- Ausfelder, T.: Mobbing - Konflikte am Arbeitsplatz erkennen, offenlegen und lösen, 2001, Heyne
- Berkel, K.: Konflikttraining, 2011, Windmühle, 11. Auflage
- Birkenbihl, V. F.: Erfolgreich kommunizieren, 2014, mvgverlag, 34. Auflage
- Bisel, Ch.: Mobbing - Handbuch für Mobbing-Betroffene, ihre Angehörigen und Menschen, die sich und andere vor Mobbing schützen wollen, Bisel Consulting, 2015
- Bisel, Ch.: Ist das Mobbing?: Sieben Portrait-Skizzen von Mobbing-Betroffenen, Bisel Consulting, 2015
- Borchert, Y.-Ch.: Das Tagebuch für Mobbingopfer. Dokumentation

leicht gemacht, 2011, Verlag
Dietmar Fölbach

- Burg, Th.: Mobbingtagebuch, 2011,
  Fuck Verlag
- Cors, K.G.: Handbuch
  Sachverständigenwesen, 2006,
  Vulkan, 4. Auflage
- Dietz, H.: Werkstattbuch Mediation,
  2005, Centrale für Mediation
- Dulabaum, N.: Mediation: Das ABC,
  2000, Beltz, 2. Auflage
- Erlenmeyer, H., Hangebrauck, R.:
  Mediation, 2008, Niederle Media
- Esser, A. / Wolmerath, M.: Mobbing
  und psychische Gewalt - ein
  Ratgeber für Betroffene und ihre
  Interessenvertretung, 2011,
  BundVerlag, 8. Auflage
- Fensterheim, H., Baer, J.: Sag nicht
  ja, wenn du nein sagen willst. Wie
  man seine Persönlichkeit wahrt und
  durchsetzt, 1977, Mosaik, 34.

Auflage
- Fischer, R., Ury, W., Patton, B.: Das Harvard Konzept. Der Klassiker der Verhandlungstechnik, 2013, Campus, 24. Auflage
- Friedmann, G., Himmelstein, J.: Konflikte fordern uns heraus. Mediation als Brücke zur Verständigung, 2014, Wolfgang Metzner Verlag
- Glasl, F.: Selbsthilfe in Konflikten, 2008, Verlag freies Geistesleben, 8. überarb. Auflage
- Grünwald, M. / Hille, H.-E.: Mobbing im Betrieb - Abwehrstrategien und Handlungsmöglichkeiten - Ursachen, Strategien, Recht, Arbeitshilfen, 2003, C. H. Beck Wirtschaftsverlag
- Hagehülsmann, U.: Transaktionsanalyse - wie geht denn das?, 2012, Jungfermann, 6.

überarb. Auflage

- Herzlieb, H.-J.: Konflikte lösen. Konfliktpotentiale erkennen - in Konfliktsituationen souverän reagieren, 2006, Cornelsen, 2. Auflage
- Holler, I.: Trainingsbuch gewaltfreie Kommunikation, 2008, Jungfermann, 4. überarb. Auflage
- Huber, B.: Mobbing. Psychoterror am Arbeitsplatz. 1994, Falken
- Ihde, K.: Mediation, 2012, Haufe
- Kampka, A.: Keine Angst vor Mobbing. Strategien gegen den Psychoterror am Arbeitsplatz, 2007, Klett-Cotta leben!
- Knapp, P. (Hrsg.): Konfliktlösungs-Tools. Klärende und deeskalierende Methoden für die Mediations- und Konfliktmanagement-Praxis, 2012, ManagerSeminare, 2. Auflage
- Kolodej, Ch.: Mobbing -

Psychoterror am Arbeitsplatz und seine Bewältigung, 2005, Facultas
- Kolodej, Ch.: Mobbingberatung, 2008, Facultas
- Kröber, H.-L., Steller, M. (Hrsg.): Psychologische Begutachtung im Strafverfahren. Indikationen, Methoden und Qualitätsstandards, 2005, Steinkopf Darmstadt, 2. überarbeitete und erweiterte Ausgabe
- Kummer, K.: Sexuelle Belästigung aus strafrechtlicher Sicht, 2002, Haupt
- Leymann, H.: Mobbing - Psychoterror am Arbeitsplatz, und wie man sich dagegen wehren kann, 2013, Rowohlt, 14. Auflage
- Neimke, Lothar: Das Sachverständigengutachten. Grundlagen für den Aufbau und Inhalt eines Gutachtens, 2012,

Fraunhofer IRB Verlag, 3.
durchgesehene Auflage

- Nickelsen, K.: Konflikte lösen, 2012,
Beck Kompakt
- Niedl, K.: Mobbing/Bullying am
Arbeitsplatz, 1995, Rainer Hampp
Verlag
- Oboth, M., Seils, G.: Mediation in
Gruppen und Teams. Praxis und
Methodenhandbuch.
Konfliktklärung in Gruppen,
inspiriert durch die Gewaltfreie
Kommunikation, 2011,
Jungfermann, 4. Auflage
- Pirntke, G.: Mobbing und sexuelle
Belästigung, 2004, Expert Verlag
- Ponschab, R., Schweizer, A.: Die
Streitzeit ist vorbei. Wie Sie mit
Wirtschaftsmediation schnell,
effizient & kostengünstig Konflikte
lösen! Ein Handbuch, 2004,
Jungfermann

- Proksch, S.: Konfliktmanagement im Unternehmen. Mediation und andere Methoden für Konflikt- und Kooperationsmanagement am Arbeitsplatz, 2014, SpringerGabler, 2. Auflage
- Projer, R. T., Orthner, T. M.: Praxis der Psychologischen Gutachtenerstellung, 2010, Huber
- Rosenberg M. B.: Gewaltfreie Kommunikation. Eine Sprache des Lebens, 2012, Jungfermann, 10. Auflage
- Rosenberg M. B.: Konflikte lösen durch gewaltfreie Kommunikation, 2004, Herder, 15. Auflage
- Rosenberg M. B.: Das können wir klären!: Wie man Konflikte friedlich und wirksam lösen kann. GfK: Die Idee und ihre Anwendung, 2013, Jungfermann, 3. Auflage
- Schlaugat, K: Mobbing am

Arbeitsplatz. Eine theoretische und empirische Analyse, 1999, Rainer Hampp Verlag

- Schlieffen, K. von, Haft, F.: Handbuch Mediation, 2009, Beck, 2. Auflage
- Schmidt, A. J.: Konflikte managen, Konflikte lösen. Leitfaden zur Einführung eines Konfliktmanagement-Systems in Unternehmen, 2008, Tectum
- Schmidt, T.: Konfliktmanagement-Trainings erfolgreich leiten. Der Seminarfahrplan, 2013, Managerseminare Verlag, 4. Auflage
- Schmidt, T.: Kommunikationstrainings erfolgreich leiten. Der Seminarfahrplan, 2013, Managerseminare Verlag, 8. Auflage

- Schwickerath, J., Holz, M.: Mobbing am Arbeitsplatz. Trainingsmanual für Psychotherapie und Beratung, 2012, Beltz
- Seifert, J. W.: Moderation und Konfliktklärung - Leitfaden zur Konfliktmoderation, 2011, Gabal, 2. Auflage
- Silberman, M., Hansburg, F.: How to resolve conflict effectively. The 60-Minute Active Training Series, 2005, Pfeiffer
- Thiesen, P.: Erfolgreiches Kontakt- und Kommunikationstraining. 149 Spiele zur Selbsterfahrung, 2011, dgvt-Verlag
- Thomann, C: Klärungshilfe: Konflikte im Beruf. Methoden und Modelle klärender Gespräche bei gestörter Zusammenarbeit, 2000, rororo, 2. Auflage
- Thomann, C., Schulz von Thun, F.:

Klärungshilfe 1 - Handbuch für Therapeuten, Gesprächshelfer und Moderatoren in schwierigen Gesprächen, 2011, rororo, 6. Auflage

- Thomann, C.: Klärungshilfe 2 - Konflikte im Beruf. Methoden und Modelle klärender Gespräche, 2004, rororo, Vollständig überarbeitete und erweiterte Auflage
- Walter, H: Kleinkrieg am Arbeitsplatz. Konflikte erkennen, offenlegen und lösen, 1993, Campus
- Watzlawick, P.: Anleitung zum Unglücklichsein, 2014, Piper, 26. Auflage
- Weckert, A., Bähner, Ch., Oboth, M., Schmidt, J.: Praxis der Gruppen- und Teammediation. Die besten Methoden und

Visualisierungsvorschläge aus langjähriger erfolgreicher Mediationstätigkeit, 2011, Jungfermann

- Wolmerath, M.: Mobbing. 2008, Weka Media
- Wyrwa, H.: Mobbt die Mobber! - So setzen Sie sich gekonnt zur Wehr, 2006, Goldmann, 3. Auflage
- Zuschlag, B.: Richtlinien für die Erstellung psychologischer Gutachten, 2006, Deutscher Psychologen Verlag, 2. überarbeitete und erweiterte Auflage

El autor

Christoph Bisel, fundador de Mobbing-Hilfe Zürich y presidente de Schweizerischer Verband für Mobbing-Prävention (una asociación suiza para la prevención del acoso laboral), ya ha publicado varios libros sobre el tema y la mediación.

Como consultor y coach, apoya a los que se ven afectados por el acoso laboral y aconseja a los empleadores y las organizaciones en el campo de: prevención del acoso laboral, tratamiento y los conflictos en el lugar de trabajo. Christoph Bisel también hace de un mediador económico y es un especialista en el campo de la mediación en equipo y la mediación en los proyectos de TI.

Información de contacto:

c.bisel@svmp.ch oder bisel@Mobbing-hilfe.ch